JN410350

장미꽃이 말을 걸다

이정희 시집

계간문예

장미꽃이 말을 걸다

| 시인의 말 |

사계절이 바뀌고 또 바뀌어, 어느새 황혼역에 도착했습니다. 황혼역은 넓고 아늑하게 저를 품어 줍니다. 아름다운 노을은 사라지는 것이 아니라, 더 나은 내일을 위해 잠깐 쉬러 간 거라고 생각합니다. 제2의 인생은 글밭에서 살기를 소원하면서, 나는 지금 잘하고 있는지 되돌아봅니다.

늘 부러웠던 시인이 되었지만, 시집 출간은 부끄러워서 많이 망설였습니다. 배우면 배울수록 더욱 어려운 것이 글쓰기라는 생각이 제 머리에서 떠나지 않습니다.

시를 쓰고 싶은 열망이 커질수록, 나 자신은 한없이 작아지는 것을 어쩌지 못해 발만 동동 굴렀습니다. 한걸음도 앞으로 나갈 수 없었습니다.

시를 쓰도록 지도해주시고, 용기를 주신 김창완 교수님께 고개 숙여 감사드립니다. 늦게 시작한 글공부, 게으름 피우지 않고 열심히 하겠습니다. 시집을 펴낼 수 있도록 도움을 주신 정종명 이사장님과 차윤옥 주간님께 감사드립니다.

2020년 9월 배방마을에서

請霞 李貞熙

■ 차례

제2부 장미꽃이 말을 걸다

제3부 냉장고 앞에서

제4부 귀뚜라미

제5부 화분에 물을 주며

제1부

고복저수지

고복저수지

가을비가 저수지를 깨우는 저녁나절
잉어들은 묵언 수행 중이란다

눈을 지그시 감고 마음 비우니
물속에서 목탁 소리 들리는데

빗방울이 만든 동심원 무늬 양탄자
물위에 깔아 놓고 시간은 부재중이다

빛깔 고운 낙엽화채를 무치는 빗방울
저녁 공양 가득 담은 저수지는 빈 발우다

봄앓이

아픔 감추고 웅크린 채
캄캄한 터널 빠져나오느라 지친 정희는

아지랑이 응원에 원기를 회복하고
눈송이 수액 맞고 살 올랐다

꽃샘추위 견디고 솟은 젖몽우리
명지바람이 가슴을 쓰다듬어 주니

잔설 녹듯 아픈 기억들이 사라지고
새로운 수줍음이 새싹처럼 돋아난다

해님이 대견해하며 가슴에 꼬옥 안아 주니
창백하던 정희 얼굴 혈색이 돈다

경계를 허물다

겨우내 닫힌 창문 열어
상큼한 봄 냄새 맡고 싶다

북창을 두드려 고드름 깨고
두꺼운 얼음 화롯불에 굽는다

남쪽에서 부는 바람
북창 통해 빠져나가고

눈물바람이 꽃바람 되어
사방에 꽃가루 뿌린다

하늘 아래

아무리 벽을 쌓아도
경계는 보이지 않고

빨간 줄 하얀 줄
바늘귀에 꿰서

모난 곳 덮을 수 있게
수를 놓고 싶다

너와 나 형체 없이
마음만 경계를 오간다

고무줄놀이

삶은 고무줄놀이다
한 단계 한 단계 올라간다

모든 경계를 다 거쳤다
조금 늦긴 했어도
어느새 머리끝까지 올라왔다

순서가 바뀌면
다시 처음부터 시작해야 한다

한라산 가는 길

하얗게 분칠한 얼굴을 기대했는데
민낯으로 나를 맞이한다

뭉게구름이 몰려와 얼굴 간질여도
미소로 답할 뿐 초연한 모습이다

사람들이 힘들어 내는 숨소리에
미안해하는 기색이다

까마귀가 정겹게 부르는 소리
민낯에 홍조가 피어난다

너를 또 만나러 올 수 있으려나
겨울왕국의 백설공주를 그려본다

노을

사람들이 몰려온다
물감을 풀어 무지개 만들고
그들이 건너오기 기다린다
아름다운 선율에 맞춰
무도회가 펼쳐지고
꽃과 나비가 함께 어울린다
나는 결코 사라지지 않는다
내일을 기약하며 쉬러 갈 뿐이다

사람들의 함성에 잠시 우쭐했었다

감

감이 나뭇잎 사이사이 발개진 얼굴을 내보이며 아름다운 가을 예찬에 열을 올린다

색동옷 우리 아가 귀여운 모습이나 노란 저고리 다홍치마 우리 언니의 고운자태, 갈색의 바바리를 걸친 황혼의 나 역시 아름다운 가을이다. 은행나무와 단풍나무가 상대방이 더 예쁘고 곱다고 칭찬하는 것을 보니 살만한 세상이다. 말이 살찌는 대신 내 얼굴이 보름달이라고 놀리기도 한다. 거리를 애틋한 사랑의 편지로 가득 채웠으니 그 중에서 맘에 드는 걸 한 장 골라보라고 한다. 나에게 파란 하늘을 보는 대신 사랑하는 사람을 향해 천천히 발걸음을 옮겨보는 것도 괜찮다고 속삭인다. 다정한 말 한마디에 얼었던 내 마음은 단풍인 듯 더 붉어지고, 젊음을 자랑하던 풋풋한 기상은 사람들의 관심 속에 한층 빛나고 있다

한철 잘 살았으니 부러울 게 없겠지

보름달

달이 마중 나왔다
아이들이 보고 싶었나 보다

토끼 두 마리가 달의 등에서
빼꼼히 얼굴 내민다

아이들은 토끼와 눈 맞추고
달은 옛날이야기 들려준다

달이 손을 내민다
함께 우주여행 가자고

우리 가족 모두
둥근달이 되었다

첫눈

출산이 임박했나 보다
진통이 시작되었다는 소식에
동네 사람들 창문 열고 고개 내민다
건강하고 멋진 아기가 태어나기를
모두 손꼽아 기다렸다
초산의 고통 속에 태어난 아기
거리는 아기의 출생을 환호하고
잘생긴 녀석 태어났다고
동네방네 소문이 쫙 퍼졌다
김서방네 누렁이도
꼬리 흔들며 아기를 반긴다

눈꽃세상

눈꽃으로 세상이 밝았습니다
순백의 고결함이
마음속 깊이 스며듭니다

거실에서 내다본
함박눈 내리는 그 모습은
한 폭의 명화입니다

나는 주인공인가요?
영화 속의 한 장면이
지금 내 앞에 펼쳐집니다

아름다운 상고대가 기다린다고
등산길에 나서는 사람들
그들도 화려한 꽃입니다

겨울 아침

흰 눈이 펄펄 내린다

그리움이 차곡차곡 쌓이는 아침
그 누구는 흰 눈이 쌀白米이기를 바랐다

안개 낀 날씨라 생각했었다
알고 보니 내 눈眼이 눈물에 흐려져 있다
마음 따라 기후도 변하는 것을

언제쯤 만날 수 있을까?
내 몸보다 더 사랑했었는데
열심히 사는 내 모습 보여주고 싶다

겨울 나무

나는 보물창고
새싹, 녹음, 그늘, 단풍

나는 감정의 샘물
그리움, 희망, 기쁨, 환희

나는 태양의 달력
봄, 여름, 가을, 겨울

나는 화수분
퍼내도 퍼내도 마르지 않는다

이슬

촉촉이 적셔주는 네가 있어
불속에서 살아남고
단단히 잡아주는 네가 있어
바람에도 견딜 수 있다

방울방울 밧줄로 꽁꽁 묶어
홍수에도 떠내려가지 않고
넘칠 것 같으면 마음 비워
아낌없이 버릴 줄도 안다

녹음綠陰

바다 위에 표류한 나그네
할 말도 많아 입을 크게 벌린다

끊임없이 나오는 녹색 단어들
금방 짙푸른 섬 하나 떠올랐다

식욕

애당초 너와 나는 궁합이 맞지 않았다

내 손이 닿지 않는 곳으로 피해 달아나더니
무슨 변덕이 들어 대문 안을 기웃거리는지
나를 멀리하고 다른 이들에게 눈짓하던 너
나 역시 너를 길 건너 불구경하듯 소원했었다

말도 살찐다는 가을과 함께 문 앞까지 왔으니
이제 나의 집 초인종을 누르려무나
못 이긴 척 너와 함께 오곡백과 즐기며
아름다운 시를 노래하며 살고 싶다

너와 나, 천생연분인 것을

햇살이여

지금 그대도 보고 계신가요
붉게 떠오르는 둥근 해를

떨어져 있어도 내 마음은
그대 곁의 둥근 해입니다

많은 사연을 간직한 듯
나를 비춰주는 햇살이여

밤새 내린 눈雪은
그대의 품이 그립습니다

제2부

장미꽃이 말을 걸다

장미꽃이 말을 걸다

그녀의 뽀얀 손목에 새겨진
검푸른 장미 한 송이
모난 눈총에 비켜 앉는다

내 가슴 은밀한 곳에 숨은
붉은 장미 한 송이
어둠 속에서 푸른 가시가 돋는다

수놓인 손수건에
마음 가득 새겨 넣고 싶은데
비켜 앉은 장미 앞에서 얼굴 붉어진다

하늘하늘 날아 온 나비한테
장미꽃이 말을 건다
"비밀이야"

구절초

또각또각 뚜벅뚜벅
발자국 소리에 살이 오르고
궁금증을 못 참고 한 뼘 더 자랐다

사람들의 함성에 환호하는 아홉 마디
어머니의 사랑까지 듬뿍 안겨주는
너는 가을의 소공녀이다

나팔꽃

기쁜 소식을 전하면
비비 꼬인 너의 마음이 풀어질까

뜨거운 태양처럼
불타는 사랑이 그리워서인가
말이라도 시원하게 하면 좋으련만
고개를 외로 꼬고 뾰로통한 입만 내민다

예쁘다 쓰다듬어 주기를 기대하지만
기어이 꺾이는 절망을 겪고서야
지나가는 나에게 고갯짓 하며
올가미 풀어 달라 애원한다

꽃이 피었어요

꽁꽁 얼어서
곧 죽을 목숨이었어요

이런 긴급한 위험 속에서 놀랍게도
나는 새 주인을 만났어요

주인은 나에게 늘 격려와 용기를 주고
뜨거운 사랑을 아낌없이 듬뿍 주었어요

나는 점점 화색이 돌고 아픔을 떨쳐내고
스스로 대견해서 자꾸 뒤를 돌아보았어요

나도 몰랐던 사랑의 힘이었기에
한겨울에도 예쁜 꽃을 활짝 피웠어요

축제

내 이름은 냉이꽃이야

오늘은 동네 운동회 날
우리는 몇 날 며칠 연습을 했어

동네 사람들 모아 놓고
축제의 하이라이트인
마스게임 공연을 했어

한 줄로 두 줄로
원형으로 대열 짓고
노랑 하양 녹색
카드섹션은 정말 멋졌어

매화축제

붉은 무늬 수를 놓아
시집갈 순이 차렵이불 꿰맨다

옆 마을 총각들 소식 듣고 시무룩
동네 사람들은 덩더꿍 강강술래

잔치국수 해물파전 막걸리 나팔 불고
광대들 신이 나서 목청껏 소리 지른다

매실 장아찌 주인 행세하며 인사하는데
매화는 처연하게 눈을 내리깔았다

꽃비

바람에 실려 온 꽃 편지에
가슴은 두근두근
뭉게뭉게 피어오르는 임의 체취

울지 마라 울지 마라
눈물 닦아주던
섬진강 구름이 비를 몰고 온다

기다림이 바람에 날려
산산이 흩어져
기억조차 사라졌는데

향기 품고 사연을 지닌
꽃비 한줄기
때늦은 소식 구름 속에 품고

꽃샘추위에 꽁꽁 얼어
굳어진 마음 녹이려고
꽃비가 봄을 타고 내린다

단풍

너는 고운 옷 갈아입더니
나에게 이별을 고했다

나신裸身을 보이는 것이
부끄러워 붉어졌다고

혼이 반쯤 나간 나에게
단풍이 다가와 속삭인다

서럽기보다 놀라움뿐
황혼이 여기 아닌가

항아리

봄 냄새가 코끝에서 폴폴
봄바람 찾느라 두리번두리번

설중매 향기 스멀스멀 올라오면
산수유 꽃망울이 터지고
복수초는 노란 손수건 흔든다

땅에 묻힌 항아리 속에
봄이 여름이 가을이 겨울이
빼꼼히 얼굴 내민다

은행잎

선물로 받은 이불 한 채
내 뺨을 간질이다 내려앉는다

강아지도 만족스러운 듯
얼굴까지 끌어 올린다

극세사 차렵이불은
아름다운 꿈나라로 인도하고

밤새 한 번도 깨지 않고
새벽을 맞이했다

길가에 쏟아진 은행잎은
오늘도 손님을 기다린다

코스모스

가을바람이 살랑거리면
나는 무대 위의 무희가 된다

온몸으로 감정 표현하면
주인공인 나와 그들은 하나다

찬사에 미소 띤 얼굴
우아한 몸짓으로 손을 내민다

혼이 실린 춤사위
구름 위에 환호성이 가득 찬다

사랑초

어머이, 배고파 배고파
울부짖으며 시금풀만 먹다가
죽었다는 팔순 노인
토끼풀로 다시 태어나
행복 행운도 모자라
사랑까지 듬뿍 나누어 준다

한낮에만 볼 수 있는 예쁜 꽃
하트를 가슴에 품은 사랑초
정이 메말라 냉기가 돌면
시들시들 몸살 앓는 사랑초
영원히 당신과 살고 싶어요

달맞이꽃

한낮에는 다소곳하게 고개 숙여
낮잠 삼매에 들고
해님 잠든 어둠을 대신 밝히는
밤의 요정 달맞이꽃

밤새 뜬 눈으로
나를 기다리다 지쳤는지
눈물범벅이 된 얼굴 내밀며
내 안부부터 묻는다

라일락

아이들이 소꿉놀이에 한창이다

밥도 되었다가
반찬도 되었다가
결혼식장에서
엄마가 든 부케가 되었다가
아빠에게 바친 꽃다발이 되었다

상사화

이룰 수 없는 사랑이라기에
포기하고 돌아서는
내 마음을 알고 있나 보다

나를 부르는 손짓
사랑은 부딪쳐야 이루어진다고
옷자락을 잡아당긴다

못 이긴 척 뒷걸음으로
다가가서 주변을 맴돌았더니
꽃과 잎사귀 귓속말로 소곤소곤

이제 헤어지지 말자

패랭이꽃

영하 7도 지하 땅굴에서도
나의 마음은 식을 줄 몰랐다

인고의 세월
너를 만날 기대감에 가슴 떨렸지
순백의 드레스 입은 너의 모습은
하늘에서 내려온 요정이었지

3만 2천 년 꿈속에서 지낸 너
미인은 잠꾸러기라지

실레네스테노필라
너의 청순함에 반해
나는 빛나는 별이 되었다

버들강아지

살포시 한쪽 눈뜨고
기지개 켠다

잠이 덜 깼는지
얼굴이 부스스하다

사람들의 발소리에
몸단장 서두른다

제3부

냉장고 앞에서

냉장고 앞에서

너와 나를 가로막는 철문이라 오해했었지
너는 민낯 보여주고 싶지 않다고 하면서도
나의 방문을 기대하고 있었나 보다

친구들과 소곤소곤 대화 나누며
늘 그 자리에서 나를 기다리는 너
외출했다 돌아오면 너에게 제일 먼저 달려가고
허전할 때도 너의 위로가 필요하단다

속이 깊은 너는
내가 무엇을 원하는지 알면서도
나 스스로 선택할 수 있도록 배려 아끼지 않는다

매력 있는 너에게 더 이상 빠지지 않기 위해
일부러 너의 집을 지나치기도 하지만
눈 뜨자마자 밤새 너의 안부 궁금해서
굳게 닫힌 철문 조심스레 열어 본다

미세먼지의 꿈

나도 꿈을 꿉니다
담쟁이넝쿨과
술래잡기하는 꿈을

파란 하늘 머리에 이고
희망의 세레나데 부르며
가슴 쫙 펴고 날고 싶어요

행복의 파트너가 되어
마스크 벗고 웃는 얼굴로
손 하트 보내 드릴게요

힐링의 전령사로
당신 곁에 남고 싶으니까
나를 외면하지 마세요

맑은 공기 앞장 세워
근심 걱정 걷어내고
하늘 높이 희망 띄워볼래요

불면증

꼬리에 꼬리를 물고 나오는
끝을 모르는 그리움의 행렬

이제는 제발 나를 놓아다오
사정하고 또 사정해 보지만

잔혹한 상념은 눈을 부릅뜬 채
이 밤 함께 놀자고 졸라댄다

고독이라는 병

뒤뜰 구석에 숨어 있더니
모두가 잠든 틈을 타서
살며시 내 품에 안겼다

안아주기엔 부담스러운
커진 너의 몸뚱이에 눌려
나는 더 작아진다

네가 나를 감싸 안으니
숨을 쉴 수 없이 답답하고
하늘도 깜깜하여 눈멀었다

데칼코마니

나를 물감에 찍어
거울에 비추어 본다

거울도 세월 따라 늙는지
검은 머리칼 하얗게 변하고

곱던 얼굴에
갈매기 몇 마리 앉았다

조물주가 그렸다는
아름다운 그림 한 폭

꼭 닮았다
일란성 쌍둥이다

보고 싶다

온종일 흐린 날씨에 마음까지 우울하다
함박눈이라도 펄펄 내려준다면
먹구름 낀 마음을 깨끗이 씻을 수 있을까

폰에서 흘러나오는 보고 싶다 보고 싶다
그 사람 그리며 보고 싶다 보고 싶다

죽을 만큼 보고 싶다고
되뇌다 되뇌다 제풀에 지쳤나 보다

싸락눈이라도 뿌려준다면
하늘 향해 얼굴 들어 시원하게 맞으련만
무심타 흐린 날씨에 내 마음 뒤숭숭하다

안경

너는 요술 램프
마음먹은 대로 색깔도 바꾼다

패션의 주역으로 때로는 액세서리로
뭇사람의 사랑을 받는다

렌즈를 통해 보이는 세상
단절이 아닌 소통의 희열을 느낀다

시계

말없이 많은 사건을 접하는 나는
사람들의 입방아에 제일 먼저 오르지

나 없이는 기사 한 줄 쓸 수 없으면서
나를 푸대접하는 사람들에게
답답한 마음을 묵언으로 전한다

최신식 전자기기에 밀려 소외감은 들지만
사건이 일어나면 제일 먼저 나를 찾고
약속과 여행할 때도 내가 우선이다

내가 중심이고 최고라고 으스댄 적 없고
늘 말없이 내 할 일만 하고 있어도
사람들은 하나같이 내 눈치를 보고 있다

내 신발

녹색 원피스에 녹색 구두
검정 원피스에 빨강 구두
내 마음대로 짝을 짓는다
자주색 원피스에 연두색 구두
베이지색 원피스에 핑크색 구두
서로 손잡아 보라고 한다

바지 차림에는 검은색 단화
문학기행에는 편한 검정 구두
달리기도 문제없다

슈퍼 갈 때는 샌들
쓰레기를 버릴 때는 슬리퍼
격식이란 격식은 모두 차린다

한겨울에는 검정 부츠
눈이 내리는 날에는 갈색 부츠
겨울에는 발목도 호강한다

한복 차림에는 빨강 꽃고무신
물놀이 갈 때는 아쿠아 슈즈
신발장의 신발들이 눈을 반짝인다

나의 짝

너는 나의 짝

나들이할 때는
손을 꼭 잡고 놓지 않는 너

내가 좋아하는
마파람을 살살 흔들어 주며

함께 하는 외출에
외롭지 않아 더 좋은

나의 짝
네 이름은 부채

목욕탕

하늘색 바닷물에 몸을 담근다

마음 놓고 울어도
남의 눈치 안 봐서 좋은 곳

서러운 마음 파도가 되고
뜨거운 눈물 해일을 일으키고

가슴속에 든 공깃돌 하나
큰 바위 되니 탕 안의 물이 출렁인다

겨울바다

바람이 바위 뒤에 숨어버리고
햇볕이 무지개 타고 내려왔다

별 사탕을 잽싸게 물고 가는 갈매기
나도 한 움큼 치마폭에 담았다

비취색을 띤 바닷물은
유채꽃 향기 품고 봄을 재촉한다

숨어 우는 바람소리

숨어서 우는 바람은
나만큼 안타까울까

남들 앞에 나서는 대신
속마음 꽁꽁 묶어놓고

한 발짝 다가오면
두 걸음 뒤로 물러서는
나는 겁쟁이에 못난이

붙잡아 주는 손 뿌리치고
숨어 우는 바람이다

마음을 잡으려고

손바닥 뒤집기보다 더 쉬울 것 같은
마음을 잡지 못해 땅 속을 헤맨다

지푸라기라도 잡으려고 안간힘 써 보지만
그 마저 힘이 빠져 허우적거린다

폰 속의 친구는 어디로 숨었는지
안 보이고 마음만 자꾸 허공을 맴돈다

검은 리본을 단 달팽이

그네들의 눈이 빨갛다
가족을 잃고 목도 쉬었다

태풍 콩레이가 마을을
송두리째 쓸어갔다

태풍이 물러나고 아침햇살이
반짝이는 둔치

달팽이들이 침통한 모습으로
장례식장으로 가고 있다

검은 리본을 달고서

태풍 콩레이

그는 무슨 미련이 많아서인지
많은 흔적을 남기고 떠났다

산책로에는 그가 뿌리고 간
오색종이꽃이 흩어져 있고

애써 외면한 눈물 젖은 손수건이
나뭇가지 위에 걸려있다

비를 기다리며

가을에 내리는 비는
마음을 시원하게 적시고

너무 뜨거워서 터지려는
내 가슴을 진정시켜준다

비를 맞고 걷는다
머리 비우고 가슴 열어본다

오직 너, 비를 기다린다

오솔길

아직 손때가 묻지 않아 상큼하다
가을꽃이 수줍어 고개 들지 못한다
예쁘다고 머리 쓰다듬어 주지만
눈을 내리깔고 부끄럽다 속삭인다

많은 사람들 발자국 소리에 잠 설쳤나
아니면 사랑이 방해를 받았나
뾰로통한 얼굴 표정에 그림자 머문다
기다림에 지친 모습이 애처롭다

제4 부

귀뚜라미

귀뚜라미

나는 들러리라 생각했습니다
친구들에 비해 외모도 빠지고
부끄럼을 타고 사교성도 부족하니까요

나는 들러리인 줄 알고 살았습니다
친구들은 교향악단과 협연하지만
나는 어깨가 처진 사람들의 푸념을 들으니까요

나는 들러리가 아니었습니다
가슴 시린 사람들과 벗 삼아
아름다운 노래로 가을밤을 덥혀주니까요

나는 들러리가 아닙니다
단풍이 곱게 드는 가을에
사람들은 나의 노래 듣기를 소원하니까요

나는 한 편의 시詩였습니다

고추잠자리

고추잠자리는 잡힐 듯 잡힐 듯 잡히지 않는 숙련된 조종사다

오늘도 창공을 날며 우리들의 이야기에 귀를 기울인다. 기쁜 일, 슬픈 사건도 계기판을 보면 알 수 있단다. 멋진 곡예도 서슴지 않고 친구들과 강강술래로 단합된 모습도 보여준다. 우리 식구가 레스토랑에서 식사하고 나오자 빨간 머플러를 두른 파일럿이 열을 지어 우리를 호위한다. 우리는 귀빈이 되었고, 그런 우리를 주변 사람들은 부러운 눈빛으로 쳐다본다. 고추잠자리는 단체 카톡으로 친구들을 불렀다고 자랑을 늘어놓는다. 요즘은 잠자리들도 폰을 이용하나 보다. 정말 좋은 세상이다

내 꿈도 우주비행사, 파란 창공 날고 싶다

고슴도치

다른 세상이 겁이 나서
온몸을 가시로 감싸고 살았다

가시마다 사랑 꽂았더니
제일 잘생긴 둥근 공이 되었다

매미

매일 저녁 아파트 산책길에서 음악 콘서트가 열린다
나비넥타이를 맨 매미합창단원들이 무대 위로 오른다

오케스트라의 반주가 은은하게 울리는데,
리허설 했던 순서대로 줄을 맞추어 자리를 잡는다
팸플릿의 목차를 보니 공연은 밤늦게까지 할 것 같다
나는 조용필의 '여행을 떠나요'를 좋아하는데…

강원도 인제 '만해 마을'에서 매미중창단을 만났다
만해 축전의 전야제에 초청을 받았나 보다
테너, 바리톤, 베이스의 감미로운 음색
연이어 앙코르를 외쳐대니 그 끝이 보이지 않는다

시를 외우다

오늘도 둔치가 나를 부른다
징검다리 앞에서 시를 외운다

물고기들이 팔딱팔딱 고개 내밀고
손뼉 치며 내 주변으로 몰려온다

시어詩語를 낚는 낚시꾼들의
응원에 힘입어 오늘도 시를 외운다

모자

백발이 신경 쓰일 때
겨울 아침 산책 나갈 때

누군가를 그리워할 때
햇볕을 가리고 싶을 때

비나 눈이 내릴 때
나는 모자를 찾는다

섬

태안 솔향기 길에서
만난 서해 바다
섣달 추위에 입술이 파랗다

찬바람 안고 새벽일 나가는
바다가 안쓰러워
털모자 씌워주었다

작은 배려가 고마웠나
모자에 달린 방울이
미소 띠며 눈인사 보낸다

발簾

무엇이 부끄러워 드리웠나

강렬한 햇볕 가리고
은밀한 내면 보일 듯 감춘다

호기심 충만해서
틈으로 기웃기웃 타는 애간장

춘곤증에 긴장 풀리고
헐렁해진 발 사이로 부는 봄바람

봄비

선달그믐에 내리는 비
나는 봄비라 불렀다

빗줄기가 겨울비라 말한다
나는 봄비라 우긴다

바닥에 고인 물이 끼어든다
언제는 봄이 아니었느냐고

맞아, 늘 봄이었어

설날

아이들 얼굴과 내 얼굴
미소가 입가에 걸렸다

나이 한 살 보태졌지만
늘 오늘만 같았으면

“많이 먹어라”
집 안 가득 사랑이 넘친다

버섯

소나무에서 자란 송이버섯
목이 석이 느타리 팽이
표고 노루궁뎅이 싸리 능이
영지 상황 동충하초

몸에 좋은 버섯은 종류도 많은데
내 얼굴에는 검버섯이 활짝 피었네

내 고향

유구천에는 우렁이 각시가 있다

김이 모락모락 나는 하얀 쌀밥
외출할 때 입을 정갈한 옷 한 벌

내 고향은 우렁이 각시 혼이 있다

마음

본성을 어디서 찾을까

손바닥을 펴보니
마음도 함께 일어난다

작은 콩알이
부풀어 지구가 된다

그 콩알은
우주를 품고도 넘친다
마음으로 꽉 찼다

바람

바람이 풀잎에 앉아 건들건들
지나가는 꽃에게 말을 겁니다
꽃들이 눈웃음 지으며 손을 흔들어요

바람이 나무 위로 올라가더니
나뭇잎을 두 손으로 받쳐 듭니다
나뭇잎은 햇빛에 얼굴 붉어졌어요

바람이 물살에 흘러가면서
물고기의 꼬리를 살짝 건드립니다
물고기는 간지럽다고 깔깔거려요

바람이 사뿐사뿐 걸어가면서
나비의 요염한 날갯짓을 흉내 냅니다
나비는 바람의 친구가 되었어요

주말농장

하하하 호호호 웃음소리에
흙들의 궁둥이가 들썩들썩
덩달아 야채들이 노래 부르네

오늘은 신체검사하는 날
누구 키가 더 큰가
누가 제일 무거운가

저쪽 고랑에서는
흙 위에 까치발로 서 있고
이쪽 고랑에서는
물로 배를 채우고 있네

하하하 호호호 웃음소리에
야채들 코를 찡긋거리며
신이 나서 한 뼘 더 자라네

갈대의 사랑

갈대가 손짓한다
온몸으로 사랑한다

아름다운 선율이다
땀이 비 오듯 한다

그의 가슴은 단단했다
사랑에 목말라했다

둘이 하나가 되는
아름다운 사랑이다

갈대는 그렇게
온몸으로 사랑했다

은행나무길

사진 속 은행나무길

샛노란 융단 깔고
사연 담은 발자국들

폰 속에는 노부부가 반려견과
노란 우산을 썼다

병아리들 줄지어 재잘재잘
모두 다 노란색이다

제5부

화분에 물을 주며

화분에 물을 주며

손가락 발가락을 오므리고
잔뜩 겁에 질린 화초들

경직된 몸은 부러질 것 같은
그 아픔을 고스란히 견디었겠지

나의 시선을 외면하는
너를 포옹하기도 두려웠지

생명수로 샤워 한 화초들
양팔을 뻗어 만세 부른다

오늘도 난

오늘도 난
아픈 가슴 들추어 보였네
언제쯤 이 아픔이 가실까

사랑이란
아픈 마음을 다독거리고
더 이상 슬픔을 갖지 않는 것

오늘도 난
예쁘던 그 모습 그리며
가슴을 부여잡고 흐느끼네

세월 따라
내 마음도 훨훨 날아가려나
예쁜 낙엽으로 뒹굴어 버릴까

사랑

손녀와 손자가 말을 주고받는다
어른 만큼 멋진 언어 구사에
눈을 크게 뜨니 바로 내 모습이다

나 어릴 적엔 어떤 말을 해서
어머니와 아버지를 즐겁게 했을까
일찍 떠나가신 부모님이 그립다

사랑만 주고 가신 두 분이기에
가슴속에 감사한 마음과
존경하는 마음이 가득하다

새벽을 낚다

낚싯줄로 어둠을 뚫는
희뿌연 둔치에서
잉어가 빼꼼히 고개 내민다

봉강천은 아직 꿈속이다
함께 놀자고
빨간 모자가 간지럼 켠다

퐁당퐁당 퐁퐁당
새벽이 사라졌다
낚싯줄에 말려 깡통 속으로

잠을 설치다

꿈을 꾸는 것도 아니고,
잠을 자는 것도 아닌
그냥 누워있다

불안한 마음이 먼저
알아채고 벌떡 일어나
내 눈치를 본다

울고 싶고 위로받고 싶고
넓은 가슴이 그리워서
이메일을 보낸다

내가 아파보니

내가 아파보니
아픈 사람들이 눈에 들어온다

내가 아파보니
나이는 숫자가 아닌 진실이었다

내가 아파보니
사랑하는 사람이 더욱 그리워진다

내가 아파보니
햇볕의 고마움에 고개 숙였다

내가 아파보니
나는 참 행복한 사람이었다

남산

남산이 나를 기다린다

114년 만의 폭염에
땀을 많이 흘린 소나무의
피부가 늘어졌을까

처음 만나는 남산에게
눈인사를 할까
아니면 악수를 할까

보고 싶었다는 말을
먼저 해야겠지

남산은 푸근한 미소로
나를 반겨줄 것 같다

오늘은 남산을 만나러 간다

포옹

따뜻한 가슴 대신
수많은 나이테를 품은
소나무와 포옹한다

지나온 세월 생각하고
대견하다 어루만지며
진하게 포옹한다

콩나물밥

암막 속에서 뜨거운 사랑
노란 꽃이 되어 고개 내밀 때
엄마 미소 모락모락 피어난다

콩나물 등에 업혀 잠든 쌀
콩나물밥 양념장 넣고 비볐더니
엄마 사랑이 입 안 가득 씹힌다

입동

가을은 낙엽에 올라타고
강물에 첨벙 뛰어든다
나신으로 서 있는 나무들
콧물에 기침 콜록거리며
겨울 문턱 힘겹게 넘는다

바바리코트 깃 세우고
만추를 느끼고 싶지만
겨울은 시치미 뗀 채
찬바람을 몰고 다니더니
어느새 댓돌에 올라왔다

나이

배가 부르다
과식한 것 같다
비만이 걱정된다

어릴 때는
먹어도 먹어도
배도 부르지 않았다

지금 필요한 건
다이어트다
저울 눈금에 신경 쓰인다

저울에 올라
'아직은 젊다'를 기대한다
바늘이 요동을 치더니
'노년기 입니다'에 멈춘다

하윤이

손녀 하윤이는
엘사 드레스를 좋아하고

장래 희망은
의사, 발레리나, 조립 왕이다

배구선수, 판사, 만화가
자꾸 바뀐다

아이돌이 좋다더니
세계적인 디자이너를 꿈꾼다

자화상

엄동설한이 코앞이라
차근차근 월동 준비한다
문풍지 바르고
포근한 이부자리 내놓았다

아지랑이 스멀스멀 봄기운에
나는 천하를 얻은 듯했고
한여름 뙤약볕에 익어가는
과일의 향기 내뿜고

풍요로운 가을 정취 맛보며
근심 걱정 멀리하고
아름다움과 성숙함 자랑하며
일생을 살고 싶었는데

눈 소식에 바깥을 내다보니
흰 눈이 내 머리 위에
소복이 쌓였다

슈퍼문

장독대에 자리 잡은 정화수
간절한 어머니의 눈물인가

바람결 따라 물무늬 지고
어머니 입김 따라 물안개 핀다

정화수 마신 달은
슈퍼문 되어 환하게 웃는다

등 굽은 소나무

여기 오랜 기간을 허리 구부린 채
오가는 사람들의 마음을 아프게 한
소나무가 있답니다

운문사 처진 소나무는 천연기념물이고
솔바람 길에 서 있는 소나무는
의기양양한 표정입니다

유독 이 소나무만 유모차에 의지하여
동네 사람들의 이야기에 귀 기울이며
사계절을 몇 번이나 보냈는지 모릅니다

평생 아름다운 하늘은 볼 수 없지만
아들과 딸, 손자와 손녀가 들려준
동요 파란 하늘을 좋아한답니다

내 마음을 읽었나 봅니다
시원한 바람 일으키며
고맙다고 손 내밀어 악수를 청합니다

눈 내리는 날

추억이 흰 가루가 되는 날
꿈마저 함박눈으로 변한
아름다운 창밖의 풍경에
어린애처럼 들뜬 내 모습
어머니는 화로 위에 석쇠 얹어
가래떡을 구워주셨다
달디 단 조청도
어머니의 사랑에 비할 수 없다
어린 시절로 돌아갈 수 있다면
어머니의 흰 손에 입 맞출 텐데
옛 추억은 꽃송이가 되어
내 과거를 날아다닌다

아버지의 숟가락

신장염으로 온몸이 붓고
거동이 불편하여
늘 누워계시던 어머니

부엌 선반 한켠에
베보자기와 숟가락 두 개
화덕 위의 약탕기

어머니 병을 낫게 하겠다는
결연한 의지가 담겨있는
아버지의 숟가락 두 개

동심으로 돌아가서

커피 마시며 눈 내리는 창밖을 본다
거실에는 손자 현민이와 파워레인저

쫑알쫑알 손자의 목소리가 싱그럽다
어린것이 어찌 그리 아는 것도 많은지

일주일간 어린이집이 방학이라
할미와 온종일 함께 지내고 있다

할미도 놀고 싶은지 어린 손자에게
파워레인저 조립하는 방법을 묻는다

그 사람은

그 사람 앞에 서면
나는 순진무구한 어린이다

그 사람은
내 말문을 트게 하는 재주가 있다

그 사람이 쳐다만 봐도
나는 재잘재잘 잘도 조잘댄다

그 사람은
내가 얼마나 말을 하고 싶어 하는지

알고 있을까

발문跋文

사유가 깊고 발상이 기발한 시들

| 발문跋文 |

사유가 깊고 발상이 기발한 시들
– 이정희 시집 《장미꽃이 말을 걸다》

차윤옥
(시인 · 계간문예 편집주간)

사유 깊고 발상 기발

이정희 시인은 고등학교 교장으로 정년퇴직한 교육자 출신이다. 선생은 학생이 흥미를 잃지 않고 적극적으로 공부할 수 있도록 이끌어주기 위해 학생 못지않게 공부해야 한다. 선생이 하는 일은 '잘 가르치는 것'이지만 그것을 위해 끊임없이 새로운 지식을 공부하고 어떻게 잘 전달할 수 있을지 연구하는 사람으로 살아야 한다는 뜻이다. 이정희 시인은 학생들을 가르치기 위해 했던 공부 습관이 몸에 밴 듯 지금도 공부가 재미있다고 한다. 나무의 나이테처럼 내면에 각인되어 있는 공부의 결과물이 시로 수필로 소설로 필요할 때마다 전혀 새로운 형태로 나타나 놀라운 성과를 가져다주고 있다.

이정희 시인은 오랫동안 수필을 써온 수필가이다. 수필집을 세 권이나 세상에 내놓았고, 작품성을 인정받아 문학상도 수상했다. 수필만 쓰기에는, 잠재해 있는 다른 장르의 글들이 이정희 시인을 그냥 놔두지 않는다. 수필은 기본이고 시, 소설, 동시, 동화 등을 공부한다. 곁들여서 시낭송까지 배우더니 전국 시낭송 대회에서 대상을 수상한 시낭송가까지 되었다. 늦깎이로 시작한 문학의 길을 넘치는 열정으로 탐색하고 있어 같이 공부하는 문우들의 귀감이 되고 있다. 사과나무를 심기 좋은 때는 20년 전이었지만, 무엇이든 새롭게 시작할 때는 바로 지금이라는 말이 있듯이 이정희 시인에게 있어 글공부는 시공을 초월한다.

이정희 시인의 내면에는 꺼지지 않는 불이 있다. 마음속에 숨어있는 글쓰기 공부를 향한 의지의 불꽃은 계속 활활 타오르는 중이다. 단단한 그 의지를 외면하지 않고 열정적으로 키워나간다. 학구적이고 진지한 자세로 세상을 향해 팔을 벌린다. 항상 긍정적인 시인의 원동력은 배우는 자세에 있다.

이정희 시인은 충남 아산에 살고 있는데, 일주일에 삼 일은 서울로 공부하러 다닌다. 혼자 공부하다 보면 역량과 실력을 놓치기 쉽다. 지도교수님께서 공부 방향을 설정해 주고, 같이 공부하는 문우들에게 격려를 받다보면 서로 도움을 주고받는다. 공부에 집중하고 자신감이 돋보이는 모습은 옆에서 지켜보는 사람도 기분 좋게 한다. 왜 공부해야 하는지를 깨달은 확고한 의지는 굉장히 멋있어 보인다. 무언가 즐기면서 배우는, 자신을 위해 공부하는 모습은 삶의 호흡까지 깊어 보인다.

> '학이시습지學而時習之면 불역열호不亦說乎아. 배우고 때때로 익히니 기쁘지 아니한가.
>
> 유붕자원방래有朋自遠方來면 불역락호不亦樂乎아. 뜻을 같이 하는 친구가 먼 곳에서 찾아오니 즐겁지 아니한가.
>
> 인부지이불온人不知而不慍이면 불역군자호不亦君子乎아. 비록 다른 사람이 알아주지 않아도 원망하지 않으니 군자가 아니겠는가.'
>
> —《논어》 학이편

배운 것을 익히지 않으면 진실로 아는 경지에 들어가지 못한다. 물건을 물에 담아두면 처음에 겉이 젖고, 오래 담가두면 속까지 젖는다. 배우면 배울수록 마음속에서 자연히 유쾌한 마음이 솟아나 깊은 맛이 우러나온다.

이정희 시인은 〈고복저수지〉와 〈봄앓이〉로 계간문예신인상을 받으면서 등단했다. 신인답지 않게 사유가 깊고 발상이 기발한 시를 쓴다는 평을 받으며 첫선을 보였다. 이정희 시인의 시는 감정의 적절한 절제와 간결하고 함축적인 표현이 눈길을 끈다.

이번 시집에 실린 시들이 대체로 짧다. 시는 짧지만 그 짧은 시 속에는 꿈이 들어 있고, 인생이 들어있다. 간결한 시에는 시를 깊이 사랑하는 화자의 마음이 폭 넓게 스며들어 있다. 그것이 이정희 시인의 특장特長이다.

가을비가 저수지를 깨우는 저녁나절
잉어들은 묵언 수행 중이란다

눈을 지그시 감고 마음 비우니
물속에서 목탁 소리 들리는데

빗방울이 만든 동심원 무늬 양탄자
물위에 깔아 놓고 시간은 부재중이다

빛깔 고운 낙엽화채를 무치는 빗방울
저녁 공양 가득 담은 저수지는 빈 발우다

— 〈고복저수지〉 전문

아픔 감추고 웅크린 채
캄캄한 터널 빠져나오느라 지친 정희는

아지랑이 응원에 원기를 회복하고
눈송이 수액 맞고 살 올랐다

꽃샘추위 견디고 솟은 젖몽우리
명지바람이 가슴을 쓰다듬어 주니

잔설 녹듯 아픈 기억들이 사라지고
새로운 수줍음이 새싹처럼 돋아난다

해님이 대견해하며 가슴에 꼬옥 안아 주니
창백하던 정희 얼굴 혈색이 돈다

— 〈봄앓이〉 전문

〈고복 저수지〉는 누구나 알 만한 '저수지'의 풍광을 읊었지만 내용은 색다르다. '잉어들은 묵언 수행 중'이고 '물속에서 목탁소리 들린다'고 썼다. 사유가 깊고 발상이 기발하다.

또한 〈봄앓이〉의 '아지랑이 응원에 원기 회복하고/눈송이 수액 맞고 살 올랐다' '명지바람이 가슴을 쓰다듬어 주니/잔설 녹듯 아픈 기억들이 사라지고' 등은 봄이 오는 과정을 엿볼 수 있는 표현으로, 자신의 아픈 기억을 잊고 이제 새로운 삶을 맞이하고 있다는 희망을 노래한다.

— 〈계간문예신인상 심사평〉

〈고복저수지〉는 세종특별자치시 연서면 고복리에 위치한 친환경 생태공원에 있는 저수지이다. 가을비 내리는 저녁나절, 저수지에 내려앉은 낙엽 위에 내리는 빗방울, 고복저수지의 풍경이 머릿속에 그려지는 한 폭의 수채화 같은 시이다.

〈봄앓이〉는 화자의 아픈 기억을 이겨낸 새 희망이 아지랑이처럼 피어나는 노래이다. 잔설이 녹은 물이 잠자는 봄의 생명들을 깨운다. 생명의 순환에 따라 봄앓이가 끝나면 봄소식이 기쁘게 전해오지 않겠는가. 잔설에서 성큼 다가온 봄이 보인다. 희망의 노랫소리가 울려퍼진다.

'오늘도 난/아픈 가슴 들추어 보였네/언제쯤 이 아픔이 가실까

//사랑이란/아픈 마음을 다독거리고/더 이상 슬픔을 갖지 않는 것//오늘도 난/예쁘던 그 모습 그리며/가슴을 부여잡고 흐느끼네//세월 따라/내 마음도 훨훨 날아가려나/예쁜 낙엽으로 뒹굴어 버릴까〈오늘도 난〉'에서도 가슴을 부여잡고 흐느낄, 아픈 일이 있었음을 알 수 있다. 그 아픈 마음이 〈봄앓이〉에서는 어느 정도 극복이 된 느낌이다. 캄캄한 터널을 빠져나오느라 얼마나 힘들었을까. 터널을 지나면 새로운 빛이 보인다. 과거에 얽매이지 말고 희망 찬 기대로 현재에 충실하도록 노력하면 좋을 듯싶다. 해님이 대견해 하며 가슴에 안아주었으니 이제는 맘껏 웃어도 되지 않을까.

'떨어져 있어도 내 마음은/그대 곁의 둥근 해입니다//많은 사연을 간직한 듯/나를 비춰주는 햇살이여〈햇살이여〉' 이정희 시인은 해님이 대견해 할 뿐만 아니라, 헤어져 있어도 항상 비춰주는 따뜻한 햇살의 미소가 있다. 바람이 불거나 비가 내려도, 밤새 눈이 내려도 이제 더 이상 외롭지 않다. 시와 수필, 소설과 친구가 되었으니 긍정의 에너지가 충만하지 않은가.

성공하는 사람들은 하루하루를 남다르게 준비한다. 기회는 준비된 사람에게만 온다는 말은 이정희 시인을 두고 한 말인 듯하다. 등단한 지 1년 만에 시집을 상재하겠다고 원고를 들고 왔다.

첫 시집 《장미꽃이 말을 걸다》에 들어있는 언어의 숲은 이정희 시인의 개성이 고스란히 배어 있는 나무들이 무성하다. 깊은 호흡으로 꾸준히 공부하던 이정희 시인은 새로운 지식으로 마음의 세포를 재생시키고 자신감도 키워 당당하게 제2의 인생을 펼치고 있다.

공부는 내면에 한 그루 나무를 심는 행위에 비교된다. 내면에 다양한 나무들이 건강하게 자라나는, 생명력 넘치는 생태계가 형성되면 어지간한 어려움에도 쉽게 꺾이지 않고 시들지도 않는다.

따뜻한 눈길로

그녀의 뽀얀 손목에 새겨진
검푸른 장미 한 송이
모난 눈총에 비켜 앉는다

내 가슴 은밀한 곳에 숨은
붉은 장미 한 송이
어둠 속에서 푸른 가시가 돋는다

수놓인 손수건에
마음 가득 새겨 넣고 싶은데
비켜 앉은 장미 앞에서 얼굴 붉어진다

하늘하늘 날아 온 나비한테
장미꽃이 말을 건다
"비밀이야"

— 〈장미꽃이 말을 걸다〉 전문

살갗을 바늘로 찔러서 먹물 등의 물감으로 그림이나 글씨 등의 무늬를 새긴 것이 문신(타투)이다. 요즘은 문신도 계속 진화하고 있다. 단순함에서 벗어나 독특한 디자인으로 문신문화가 발전하며 자리 잡아가고 있다. 신체의 결점이나 상처를 감추기 위해 하는 사람도 있지만 일종의 액세서리처럼 젊은이들 사이에서는 문신이 굉장히 매력 있는 문화로 확산되고 있다. 어른들에게는 특정 매니아들만 하는 것으로 부정적인 이미지가 강하다.

'그녀의 뽀얀 손목에 새겨진/검푸른 장미 한 송이/모난 눈총에 비켜 앉는다//내 가슴 은밀한 곳에 숨은/붉은 장미 한 송이/어둠 속에서 푸른 가시가 돋는다' 그녀의 손목에 새겨진 검푸른 장미 한 송이와 내 가슴에 있는 장미 한 송이가 대비되는 풍경이다. 장미꽃이 세상에 떳떳하게 나오고 싶은데 사람들의 시선이 곱지 않았나 보다. 용기를 내서 공공장소에 나오고 싶지만 다시 움츠러들어 비켜 앉을 수밖에 없다.

'수놓인 손수건에/마음 가득 새겨 넣고 싶은데/비켜 앉은 장미 앞에서 얼굴 붉어진다//하늘하늘 날아 온 나비한테/장미꽃이 말을 건다/"비밀이야"//'라고 한다. 사람들과 어울리고 싶지만, 사랑도 일도 마음처럼 이루어지지 않아 괴롭고 힘들고 슬프다. 계속 어둠 속에서 숨어 살아야 하나 얼굴이 붉어진다. 고독과 소외, 열등감의 침잠에서 탈피하려는 노력이 돋보이기도 한다. 누구나 한두 가지 비밀은 있지 않을까. 숨지 말고 꿋꿋하게 세상으로 나와 적응하라는 역설적인 작품이다.

'너를 만났다'는 하늘로 떠난 딸 나연이와 가상현실을 통해 만나는 엄마의 휴먼다큐멘터리 프로그램이다(MBC). 나연이 엄마 팔에 간절한 소망을 담아 새긴 문신(나연이의 생년월일과 영문 이름)은 보는 사람의 가슴을 뭉클하게 만들었다. "환생은 믿지 않지만, 혹시 나연이라는 것을 알아보게…"라는 말은 심금을 울리기에 충분했다.

커버업(cover-up)타투는 흉터를 가리거나 이미 했던 무늬를 다른 디자인으로 바꿀 때 하는 문신이다. 유명 연예인이 수술 받고 생긴 자국을 가리기 위해 문신을 하면서 일반인들에게 알려졌다. 사고로 생긴 흉터 때문에 불편한 시선을 받게 되면 공연히 누군가를 원망하게 되는데 커버업(cover-up)타투를 한 뒤에 당당해진 사람들이 있다고 한다. 이제는 자기를 표현하는 특별한 문화로 자리매김하면서 부정적 인식이 완화되고 있다.

장미꽃이 말을 걸어오면 웃으며 잘 받아주고, 소외된 이웃들에게 따뜻한 눈길을 주면 아픔을 딛고 일어나 세상에 잘 적응해 나갈 수 있지 않을까. 세상은 혼자가 아니라 더불어 사는 세상이니까. 시인의 곱고 따듯한 마음이 스며들어 있다.

장르의 경계를 넘어

겨우내 닫힌 창문 열어
상큼한 봄 냄새 맡고 싶다

북창을 두드려 고드름 깨고
두꺼운 얼음 화롯불에 굽는다

남쪽에서 부는 바람
북창 통해 빠져나가고

눈물바람이 꽃바람 되어
사방에 꽃가루 뿌린다

— 〈경계를 허물다〉 전문

아무리 벽을 쌓아도
경계는 보이지 않고

빨간 줄 하얀 줄
바늘귀에 꿰서

모난 곳 덮을 수 있게
수를 놓고 싶다

너와 나 형체 없이
마음만 경계를 오간다

— 〈하늘 아래〉 전문

삶은 고무줄놀이다
한 단계 한 단계 올라간다

모든 경계를 다 거쳤다
조금 늦긴 했어도

어느새 머리끝까지 올라왔다

순서가 바뀌면
다시 처음부터 시작해야 한다

— 〈고무줄 놀이〉 전문

〈경계를 허물다〉 〈하늘 아래〉 〈고무줄 놀이〉에서는 경계가 없어졌다. 겨울과 봄, 계절의 경계가 허물어졌다. 너와 나의 경계도 없어졌다. 순서도 없어졌다. 인간은 시간에 경계를 지으면서부터 바빠졌으며, 시간의 정교함에 갇혀 버렸다. 고독한 인간에게 계절은 생성과 소멸을 거듭한다. 봄에서 여름으로, 여름에서 가을로, 가을에서 겨울로, 겨울에서 다시 봄으로 이어진다.

예술의 경계에서, 경계의 줄넘기가 자유롭게 승화되는 예술은 협업이나 융합이 중심이 된다. 특히 개성이 강한 예술 장르에서 서로의 영역을 존중하고 이질적 요소에 대한 경계심을 낮추면 상생의 효과를 이뤄낼 수 있다. 예술의 융합은 새롭게 탄생되고 경계가 맞닿은 지점은 아날로그와 디지털의 경계를 걷어낸다. 상상력의 차이는 엄청나다. 너와 나의 경계를 넘어 결합하고, 장르와 장르의 경계를 넘어 결합하고, 사람과 사람이 만나 융합하는 일은 멋진 일이다. 수필과 시, 소설과 동화 등을 공부하는 이정희 시인의 예술 세계는 한 장르에 머물지 않고, 다양하고 새로운 형태로 계속 변용될 것 같다. 여러 장르 중에 어느 하나

소홀함이 없다. 장르마다 의미 있는 성과를 일궈내는 이정희 시인의 차기 작품들은 상상만 해도 기대가 크다.

공광규 시인은 〈담장을 허물다〉라는 시에서 '고향에 돌아와 오래된 담장을 허물었다/기울어진 담을 무너뜨리고 삐걱거리는 대문을 떼어냈다/담장 없는 집이 되었다/눈이 시원해졌다'라고 하며. '기울어가는 시골 흙집 담장을 허물고 나서/나는 큰 고을의 영주가 되었다'라고 노래했다. 담장을 허물고, 경계를 허물면 눈이 시원해지고 큰 고을의 영주도 될 수 있다. 시골집이 그리워지는 시이다. 무소유의 경계, 소유의 경계를 허문 시인은 담장을 허물고, 나를 허물어 더 큰 나를 만나는 사람이다.

'아무리 벽을 쌓아도/경계는 보이지 않고//빨간 줄 하얀 줄/바늘 귀에 꿰서/모난 곳 덮을 수 있게/수를 놓고 싶다//너와 나 형체 없이/마음만 경계를 오간다'라는 화자의 마음은 하늘 아래에서 가장 넓지 않을까.

너와 나 형체 없이 더불어 사는 삶의 성찰, 세상을 바라보는 시인의 따뜻한 관심과 배려가 보인다. 예쁜 수를 놓아 모난 곳을 덮어주면 아무리 높게 벽을 쌓아도 경계는 보이지 않는다. 너무나 맑은 시심을 엿볼 수 있다. 이기심을 내려놓은 세상을 향한 소통은 감동과 함께 유쾌함을 안겨준다.

'새는 알을 깨고 나온다. 알은 하나의 세계다. 태어나려는 자는 한 세계를 파괴하지 않으면 안 된다. 새는 신을 향해 날아간다. 그 신의 이름은 아프락삭스다.'라는 헤르만 헷세의 〈데미안〉이 떠오른다. 새는 알을 깨야만 밖으로 나올 수 있다. 경계를 허물어야만 새로운 세계를 만날 수 있다.

시의 근본은 사람이다. 사람을 중심으로 사람의 존엄성과 가치를 지켜야 한다. 사람의 존엄성을 높이려는 자세는 이 세상에 존재하는 생명 전체를 존엄하게 인식하고, 모든 생명을 사랑하고 감싸 안는 노력도 필요하다. 사람과 자연을 동일시하는 공동체를 모색해야 한다.

시 속의 어머니

사람들의 함성에 환호하는 아홉 마디
어머니의 사랑까지 듬뿍 안겨주는
너는 가을의 소공녀이다

— 〈구절초〉 일부

밥도 되었다가
반찬도 되었다가
결혼식장에서
엄마가 든 부케가 되었다가
아빠에게 바친 꽃다발이 되었다

— 〈라일락〉 일부

장독대에 자리 잡은 정화수
간절한 어머니의 눈물인가

바람결을 따라 물무늬 지고
어머니의 입김 따라 물안개 핀다

— 〈슈퍼문〉 일부

어머니는 화로 위에 석쇠 얹어
가래떡을 구워주셨지
달디 단 조청도
어머니의 사랑에 비할 수 없다
어린 시절로 돌아갈 수 있다면
어머니의 흰 손에 입 맞출 텐데
옛 추억은 꽃송이가 되어
내 과거를 날아다닌다

— 〈눈 내리는 날〉 일부

이정희 시인은 거대 담론 대신 주변의 소소한 일상을 따스한 눈길로 보듬어준다. 풀잎이나 꽃, 곤충, 사물에 대한 섬세한 관심과 관찰이 돋보인다. 시작과 끝은 깊은 관심이다. 호기심이 많아야 발전시킬 수 있고, 고민하게 되고 창의성을 찾을 수 있다. 《장미꽃이 말을 걸다》에 실린 시들을 읽고 나서 금방 가슴이 뭉클해지지는 않지만, 편편마다 독창적이며 고르게 높은 수준을 유지하고 있다. 담백한 수채화처럼 잔잔한 그리움의 정서를 투명한 물감으로 곱게 칠해 놓은 듯하다.

특히 〈구절초〉 〈라일락〉 〈슈퍼문〉 〈눈 내리는 날〉 등에는 어머니를 그리워하는 마음이 잘 녹아 있다. 이정희 시인의 어머니는 신장염을 앓으셔서 항상 누워 계셨던 모양이다. 아버지가 직접 한약을 달여 어머니의 간병을 하셨나 보다. '신장염으로 온몸이 붓고/거동이 불편하여/늘 누워 계시던 어머니//부엌 선반 한켠에/베보자기와 숟가락 두 개/화덕 위의 약탕기//어머니 병을 낫게 하겠다는/결연한 의지가 담겨 있는/아버지의 숟가락 두 개〈아버지의 숟가락〉'에서 보면 아버지가 어머니를 얼마나 사랑했는지 엿볼 수 있다. 화자는 꽃을 보아도, 눈이 내려도, 달이 떠도 오로지 어머니 생각이다. 살아 계셨으면 어머니의 흰 손에 입을 맞출 텐데 현실은 그러지 못하고 과거를 회상할 뿐이다.

'유구천에는 우렁이 각시가 있다//김이 모락모락 나는 하얀 쌀밥/외출할 때 입을 정갈한 옷 한 벌//내 고향은 우렁이 각시 혼이 있다〈내 고향〉' 고향에서 화자를 기다리는 사람은 아무도 없지만 언제나 우렁이 각시가 있다. 고향은 생각만 해도 어머니의 품 같고, 아버지 얼굴이 떠오르는 곳이다. 우렁이 각시가 어머니이고 아버지 아니겠는가. 화자의 모든 기쁨과 슬픔, 그리움의 진원지가 바로 고향이다. 생명의 근원인 부모님은 지금 이 세상에 안 계시지만 화자의 마음속에는 영원히 살아 계신다. 우리 일생에 부모님이 차지하는 비중은 절대적이다. 특히 어머니의 부재는 화자의 의식 속에 함께 살아서 따뜻한 모정을 나누고 있다.

사랑하는 손주들

손녀와 손자가 말을 주고받는다
어른 만큼 멋진 언어 구사에
눈을 크게 뜨니 바로 내 모습이다

나 어릴 적엔 어떤 말을 해서
어머니와 아버지를 즐겁게 했을까
일찍 떠나가신 부모님이 그립다

사랑만 주고 가신 두 분이기에
가슴속에 감사한 마음과
존경하는 마음이 가득하다
—〈사랑〉 전문

유독 이 소나무만 유모차에 의지하여
동네 사람들의 이야기에 귀 기울이며
사계절을 몇 번이나 보냈는지 모릅니다

평생 아름다운 하늘은 볼 수 없지만
아들과 딸, 손자와 손녀가 들려준
동요 파란 하늘을 좋아한답니다

내 마음을 읽었나 봅니다

시원한 바람 일으키며
고맙다고 손 내밀어 악수를 청합니다

—〈등 굽은 소나무〉 일부

손녀 하윤이는
엘사 드레스를 좋아하고

장래 희망은
의사, 발레리나, 조립 왕이다

배구선수, 판사, 만화가
자꾸 바뀐다

아이돌이 좋다더니
세계적인 디자이너를 꿈꾼다

—〈하윤이〉 전문

커피 마시며 눈 내리는 창밖을 본다
거실에는 손자 현민이와 파워레인저

쫑알쫑알 손자의 목소리가 싱그럽다
어린것이 어찌 그리 아는 것도 많은지

일주일간 어린이집이 방학이라
할미와 온종일 함께 지내고 있다

할미도 놀고 싶은지 어린 손자에게
파워레인저 조립하는 방법을 묻는다
—〈동심으로 돌아가서〉 전문

화자는 어느새 등 굽은 소나무가 되어 늘 자식들과 손자 손녀들을 만나고 싶고 보고 싶은 마음이 애틋하고 간절하다. 손자 현민이, 손녀 하윤이는 화자의 모든 것을 아낌없이 다 주고도 또 주고 싶은 내리사랑의 대상이다. 오히려 자식들보다 더 사랑스럽다. 화자의 어릴 때 모습과 손주들의 모습이 오버랩되면서 부모님의 사랑을 그리워하는 애틋함이 느껴진다. 무조건적인 사랑을 받고 자랐으니 당연하게 또 베풀게 되나 보다. '아낌없이 주는 나무'가 되고 싶은, 눈에 넣어도 아프지 않은 보물들이다. 손녀의 꿈은 의사, 발레리나, 조립왕이다. 다시 배구선수, 판사, 만화가로 바뀌어도, 다시 디자이너가 되고 싶어도, 손녀의 꿈을 응원하는 화자의 흐뭇한 미소가 그려진다. 모처럼 방학을 맞은 손자가 할머니 집에 놀러온 모양이다. 손자와 할머니는 엄청난 세대 차이를 느낄 텐데 가장 자연스럽게 '파워레인저' 조립 방법을 물으며 알찬 시간을 보낸다. 가르치려 들지 않고 손자와 자연스럽게 어울리는 순간순간이 행복하다. 손주들은 미래의 희망이다. 잘 반죽된 빵처럼 얼마든지 부풀어 오를 수 있는 가능성에 할머니는 마냥 흐뭇하고 행복하다.

초보자의 부끄러움

무엇이 부끄러워 드리웠나

강렬한 햇볕 가리고
은밀한 내면 보일 듯 감춘다

호기심 충만해서
틈으로 기웃기웃 타는 애간장

—〈발簾〉 전문

남들 앞에 나서는 대신
속마음 꽁꽁 묶어놓고

한 발짝 다가오면
두 걸음 뒤로 물러서는
나는 겁쟁이에 못난이

— 〈숨어 우는 바람소리〉 일부

다른 세상이 겁이 나서
온몸을 가시로 감싸고 살았다

가시마다 사랑 꽂았더니
제일 잘생긴 둥근 공이 되었다

— 〈고슴도치〉 전문

이정희 시인은 부끄럼이 많고, 남들 앞에 나서는 게 겁이 나서 온몸을 꼭꼭 감싸고 숨어 지냈다. 밖으로 끄집어 내지 못한 혼자만의 고통을 삭이고 감당해 내느라 속마음을 꽁꽁 묶어놓고 숨어서 울었다. 이제는 어느 정도 극복해 스스로 '가시마다 사랑을 꽃으려' 노력하는 삶을 살고 있다. 남들보다 예민하게 반응하고 적응하느라 마음고생도 심했다. 남보다 자신이 먼저 양보하고 손해를 봐야 직성이 풀리는 삶을 살아온 이력이 고스란히 숨어있다. 세상의 눈물은 일정한 분량밖에 없어서 어떤 사람이 울기 시작하면 다른 울던 사람은 울음을 그치게 된다고 한다. 슬픔과 기쁨은 교차된다. 오늘이 슬프다면 내일은 분명 기쁠 것이다. 사랑은 생명의 꽃이다. 사랑은 밝고 행복한 세계를 지향한다. 둥글둥글 잘생긴 공이 되기까지 고뇌에 찬 삶에서 자신을 추스르려는 몸짓 하나하나, 섬세한 감각을 표현해 낸 시편들이 잔잔하게 읽힌다. 행간 속에 숨겨진 깊은 뜻까지 알아내려면 시를 더 깊고 완전하게 이해해야겠지만, 겸손과 배려까지 읽고 나면 축복의 이미지로 변신한 화자가 살짝 보인다.

순수한 언어들의 잔치마당

물은 약해 보이지만, 단단한 어느 것도 물을 이길 수 없다. 약한 것이 강한 것을 이기고 부드러운 것이 마침내 단단한 것을 이긴다. 연약한 사물이 억세고 굳센 것을 이긴다. 연약해 보이지만 강한 이정희 시인은 사소한 사물, 사소한 사건에서도

영혼을 찾아내고 진정한 의미를 부여해 주는 탁월한 능력이 있다. 이정희 시인의 시세계는 모자, 안경, 시계, 부채, 신발 등 소품에서부터 우주까지 전 영역을 넘나든다. '행복의 파트너가 되어/마스크 벗고 웃는 얼굴로/손 하트 보내 드릴게요//힐링의 전령사로/당신 곁에 남고 싶으니까/나를 외면하지 마세요//맑은 공기 앞장 세워/근심 걱정 걷어내고/하늘 높이 희망 띄워볼래요 〈미세먼지의 꿈〉'처럼 환경문제에도 관심이 많으며, 자연친화적이다. 여백의 미를 보여준 시, 상상력의 형상화를 쉽게 만날 수 있는 시, 대단한 흡입력을 갖는 시, 새로운 의미를 함유한 시, 의인화되어 곤충의 세계와 인간의 세계가 동일시되어 인간사회의 불안의식이 반영되고 있는 시 등 일일이 다루지 못한 좋은 시들이 많다. 시는 아름답게 여기고, 꾸짖고 풍간諷諫하는 뜻이 있어서 공부할 때 착한 마음이 일어난다. 詩에서 힘을 얻는다.

곡식은 싹이 난 뒤에 꽃이 피고, 꽃이 핀 뒤에 열매를 맺는다. 싹에는 본래 꽃이 필 이치가 담겨 있지만 반드시 꽃이 피는 것은 아니며, 꽃에는 본래 열매를 맺는 이치가 담겨 있지만 반드시 열매를 맺는 것도 아니다. 여기에는 그럴만한 이유가 있기 때문이다. 따라서 학문의 성취함에 이르지 못하면 이와 무엇이 다르겠는가? 하지만 경계할 필요가 없을 것이다. 이정희 시인의 끝없는 노력은 계속될 테니까.

《장미꽃이 말을 걸다》에 실린 시의 매력은 숨김없이 솔직하고 꾸밈과 장식이 없어서 투명하다. 어려운 단어도 없다. 시 속의 언어들은 갈고 닦고 세련된 언어라기보다는 소박하고 천연적인 순수한 언어들이다. 친근하고, 맑고, 향기롭기까지 하다.

첫 시집 《장미꽃이 말을 걸다》 상재를 축하한다. 첫 시집에 담지 못한 시의 깨달음이 사유의 깊이를 담아 두 번째, 세 번째 시집에는 어떤 시적 변용으로 독자의 시선을 끌게 될지 기대가 크다.

계간문예시인선 160

이정희 시집 _ 장미꽃이 말을 걸다

초판 인쇄 2020년 10월 15일
초판 발행 2020년 10월 20일

지 은 이 이정희
회 장 서정환
발 행 인 정종명
편집주간 차윤옥

펴낸곳 도서출판 계간문예
편집부 03132 서울 종로구 삼일대로 30길 21 종로오피스텔 1209호
주소 03132 서울 종로구 삼일대로 32길 36 운현신화타워 305호
전화 02-3675-5633 팩스 02-766-4052
인쇄 54991 전북 전주시 완산구 공북1길 16, 신아출판사
이메일 munin5633@naver.com
등록 2005년 3월 9일 제300-2005-34호
ISBN 978-89-6554-226-1 04810
ISBN 978-89-6554-118-9 (세트)

값 10,000원

잘못 만들어진 책은 바꾸어 드립니다.

이 도서의 국립중앙도서관 출판예정도서목록(CIP)은 서지정보유통지원시스템 홈페이지(http://seoji.nl.go.kr)와 국가자료공동목록시스템(http://www.nl.go.kr/kolisnet)에서 이용하실 수 있습니다. (CIP제어번호: CIP2020042524)